ESCHBACHER GESCHENKBÜCHER

für dich

Fünfzehnhundert Jahre sind es her, seit am äußersten Ende Europas, gegen Westen, auf der Insel Irland ein sehr eigenes, bodenständiges und zugleich sehr geistiges Christentum entstand. Man weiß heute noch nicht, wo seine Wurzeln zu suchen sind, vielleicht am ehesten im ägyptischen Mönchtum der ersten Jahrhunderte nach Christus.

Irland war ein keltisches Land. Die Kelten waren ein ungewöhnlich freundliches, tolerantes Volk. Nirgends haben sie irgendeine gewachsene Kultur zerstört, die sie antrafen. Immer haben sie geschützt, was denen wichtig war, in deren Land sie einwanderten. Sie haben im Lauf ihrer Geschichte eine hohe geistige Kultur geschaffen, ohne Bauten, die heute noch zu sehen wären, ohne literarische Dokumente, eine Zivilisation der Barden, der Sänger, der Ärzte, der Priester, der »Druiden«, die das ganze Leben der Menschen durchdrang.

Als die Iren das Christentum entdeckten, verfuhren sie, wie es die Kelten in jeder Phase ihrer Geschichte taten: Sie bekämpften das Druidentum nicht, sie rotteten seine Priester nicht aus, sie zerstörten keine Heiligtümer, sondern sie schufen ein Christentum, das durchdrungen war von der Ehrfurcht vor allem, was war und was ist, und das dadurch zu einem Segen für Europa geworden ist. Sein Zeichen sind die wunderbaren Sonnenkreuze, die wir in Irland überall finden und die eines der schönsten Symbole sind, die das Christentum je geschaffen hat.

Es war ein Christentum, in dem es keine Trennung zwischen Geist und praktischer Arbeit gab, keine Trennung zwischen dem Gottesdienst und dem Leben in der Schöpfung, keinen Streit in Glaubensfragen und keine klerikale Herrschaft. Es war ein Christentum, das die Frömmigkeit der Handwerker und der Schiffsleute, der Hirten und der Bauern spiegelte. Es war ein Christentum des Friedens und der Freundlichkeit gegenüber allen, die anders dachten oder anders redeten; ein Christentum der überlegenen Großzügigkeit gegenüber Fremden und denen, die sich als Gegner zeigten.

Die irische Frömmigkeit blühte einige Jahrhunderte lang, bis der Geist des Kontinents, dieser Geist des Rechthabens, des Herrschens und Unterdrückens, auch auf Irland übergriff. Aber aus dieser ersten Zeit ist eine Fülle von Liedern und Segenssprüchen überliefert, die uns heute noch und heute wohl erst recht tief berühren können. Viele sind erst im 20. Jahrhundert aufgeschrieben worden, nachdem sie über lange Zeit mündlich weitergegeben worden waren, und zwar wiederum von Seefahrern, Hirten, Bauern und Müttern.

Wir werden manches nicht mehr so sagen können wie sie. Unser Leben spielt sich heute anders ab als damals. Aber vielleicht regen uns die alten Segensworte an, unsere eigenen Segenswünsche so anschaulich und so leibhaft zu formulieren wie sie. Vielleicht könnte sich der Geist, den das Christentum im heutigen Abendland angenommen hat, auf eine schöne und dem Geist seines Stifters, des Christus, wohltuend angemessene Weise verändern.

Jörg Zink

Sei gesegnet jeden Tag

Gute Wünsche,
Lieder und Segensworte
aus dem alten Irland

Eschbach

Segne mir, Gott,
den Mond hoch über mir.
Segne mir, Gott,
die Erde hier unter mir.
Segne mir, Gott,
Frau und Kinder
und mich selbst,
bei dem sie wohnen.

Gott, segne mir alles,
worauf mein Blick ruht.
Gott, segne mir alles,
worauf meine Hoffnung baut.

Gott, segne mir
Verstand und Willen,
du Gott des Lebens.

Was ist das – ein Segen?

Wir gehen als christliche Gemeinde nach keinem Gottesdienst auseinander, ohne daß ein »Segen« gesprochen wird. Das ist meistens ein altes, vielleicht uraltes Wort, das seine Wirkung an uns tun soll und will. Aber wissen wir, was das ist – ein Segen?
Nehmen wir an: Ein Acker ist trocken. Es liegt Saat in ihm, aber es ist trocken. So wächst nichts. Nun setzt Regen ein, die Saat geht auf und wächst. Der Regen segnet, das heißt: Er hilft, daß etwas aufgeht, daß etwas wächst, daß etwas gedeiht. Wenn Gott seinen Segen über uns ausspricht, dann wächst etwas in uns, es gedeiht etwas, es reift Frucht. Es wächst aus Mühe und Leid, aus Fröhlichkeit und Stille die Frucht für dieses Leben und für die Ewigkeit. Der Same springt auf und wird frei; aus einer Erde, aus der scheinbar nichts zu erwarten war, wächst Vertrauen, wächst Dankbarkeit.

Wenn Segen über einem Leben waltet, hat es Sinn. Es gedeiht. Es wächst. Es wirkt lösend, fördernd, befreiend auf andere. Versuche glücken, Werke gelingen. Die Mühe zehrt das Leben nicht aus, sie ist sinnvoll und bringt ihre Frucht. Am Ende steht nicht die Resignation, sondern eine Ernte.

Segen ist ein Geschehen – nahe verwandt dem, was wir »Gnade« nennen. Denn man kann Segen nicht machen, man kann ihn nur empfangen und vielleicht auch weitergeben. Aber er entzieht sich aller Planung. Er kommt oder er kommt nicht, wie der Regen über ein Feld kommt oder nicht kommt.

Wenn uns heute der Gedanke, unser Leben könne gesegnet sein oder wir könnten anderen Menschen mit einem Segen beistehen, fremd geworden ist, fern und abseitig, dann mag das seine Ursache haben in der seltsamen Entfremdung, in der für uns das leibliche, erdhafte Leben von der Welt unseres Glaubens steht. In der seltsamen Spaltung zwischen Gott und der Erde. Unser Glaube hat so wenig mehr zu tun mit den Sinnen, mit denen wir die Erde und das elementare Leben wahrnehmen, und mit den Kräften, mit denen wir uns auf dieser Erde durchsetzen. Politik hat nichts mit dem Glauben zu tun, Wirtschaft nicht, Kunst nicht, Urlaub und Freizeit nicht, und alles, was mit den Erfahrungen unserer Sinne zu tun hat, erst recht nicht. Segen aber bewirkt, daß dies alles zu einem ganzen, vollen und runden Dasein zusammenwächst. Und was täte uns heute mehr not als das?

Morgensegen des Hl. Patrick

Ich erhebe mich heute mit einer
großen Kraft.
Ich rufe die Dreieinigkeit Gottes an.
Ich glaube an seine Dreiheit.
Ich bekenne seine Einheit.
Er ist mein Schöpfer.

Ich erhebe mich heute
in der Kraft Gottes, die mich lenkt.
Gottes Macht halte mich aufrecht,
Gottes Weisheit führe mich,
Gottes Auge schaue für mich,
Gottes Ohr höre mich,
Gottes Wort spreche für mich,
Gottes Hand schütze mich,
Gottes Weg liege vor mir,
Gottes Schild schirme mich,
Gottes Heerschar rette mich.

Christus sei mit mir,
Christus sei vor mir und hinter mir.
Christus sei in mir,
Christus sei unter mir und über mir.
Christus sei mir zur Rechten,
Christus mir zur Linken.
Christus sei, wo ich liege,
Christus, wo ich sitze,
Christus, wo ich mich erhebe.
Christus sei im Herzen eines jeden,
der meiner gedenkt,
Christus sei im Munde eines jeden,
der von mir spricht,
Christus in jedem Auge,
das mich sieht,
Christus in jedem Ohr,
das mich hört.

Ich erhebe mich heute
in einer großen Kraft.
Ich rufe die Dreieinigkeit Gottes an.
Ich glaube an seine Dreiheit.
Ich bekenne seine Einheit.
Ich gehe meinen Weg
in der Kraft dessen, der mich schuf.

Morgensegen
des Hl. Patrick
nach: Fáeth Fiada – „Des Rotwilds Schrei“ –, 8. Jh. (gekürzt). Es wird überliefert, daß Patrick, der „Apostel Irlands“ (um 385–460), diesen Hymnus gesungen habe, als ihm König Laoghaire einen Hinterhalt gelegt hatte, um zu verhindern, daß die Glaubensbotschaft nach Tara gebracht würde. Da schien es dem Verfolgten, als sei er Rotwild.
Dieses Schutzlied, das vieles vom Glauben der frühen keltischen Christen zum Ausdruck bringt, wird auch „The Breastplate of St. Patrick“ genannt (Brustpanzer, Brustharnisch des Hl. Patrick, lat. „lorica“).

Gottes Macht
erhalte dich aufrecht.

Gottes Auge schaue für dich.
Gottes Ohr höre dich.
Gottes Wort spreche durch dich.
Gottes Hand schütze dich.

Segen zum Neuen Jahr

Segne den ersten Tag,
mein Gott,
und den letzten.

Meine Hände mögen segnen,
was sie anfassen.
Meine Ohren mögen segnen,
was sie hören,
Meine Augen mögen segnen,
was ihnen begegnet.
Mein Mund möge segnen
mit jedem Wort.

Meinen Nachbarn segne ich,
und er möge mich segnen.

Laß mich nicht aus deinen Augen,
mein Gott,
aus deinen Händen,
aus deinem Ohr,
aus deinem Herzen,
an diesem Tag und alle Tage
des Jahres, das kommt.

Frühlingssegen

Mögen sich mehren
die Lachse.
Möge Blüten treiben
der Weltenbaum,
mögen die Hügel grünen.

Mögen die Bienen
Honig sammeln.
Möge der Vogel sich erheben
und der Wolf
unsren Häusern fernbleiben
und der listige Fuchs.

Möge im Land
Gerechtigkeit herrschen
und niemand
nach dem Schwert greifen.

Das salzige Meer möge brausen,
der Mast möge feststehen im Wind,
und die Netze mögen immer
gefüllt sein.

Das Gute möge kämpfen
gegen das Böse,
das Leben gegen den Tod,
das Licht gegen die Finsternis.

Groß sind die Kräfte des Christus,
aber mächtig ist das Schicksal.

Mögen die Weisen
immer nachdenken über das Elend
und über die Rettung dieser Welt.

Segen über ein neugeborenes Kind

Ich taufe deine Stirn
mit heiligem Wasser,
mit drei Tropfen netze ich sie
im Namen des dreieinigen Gottes.

Die Kraft des Windes sei mit dir,
die Kraft des Mondes,
die Kraft der Sonne.

Die Güte des Meeres,
die Güte der Erde,
die Güte des Himmels.

Die Liebe der Menschen umgebe dich,
ihre Freundlichkeit,
und nie ein Streit.

Mögest du einst ruhen
wie in weichen Kissen,
in den Händen deines Erlösers.

Geburtstagssegen

Möge Sanftmut sein
auf deinen Lippen,
lieblich wie das Land,
wie ein Abend im Sommer,
der langsam
ins Laub der Bergeschen sinkt.

Möge freundlicher Sinn
sich breiten in deinen Augen,
anmutig und edel
wie die Sonne,
die aus Nebeln sich hebend
die ruhige See wärmt.

Möge Reinheit sich spiegeln
am Grund deines Herzens,
heiter und hell
wie der heilige Quell,
in dem die Taube ihr Bild schaut.

Möge aus Weisheit kommen
jede Tat,
herrlich und hoch
wie der Weizen
eines guten, gesegneten Jahres,
ohne Wurm, ohne Wühlmaus!

In mein Haus kam ein Fremder.
Ich teilte mit ihm die Speise.
Ich bot ihm den Wein.
Ich sang ihm ein Lied.

Im Namen des dreieinigen Gottes
möge er segnen mich und mein Haus,
meine Tiere und meine Lieben.

Die Lerche auf dem Dach sang:
Oft, oft, oft kommt Christus
im Kleid eines Fremden.

Feuersegen

Eine Frau, die ihr Herdfeuer
entzündet, spricht:

Ich zünde heute morgen
mein Feuer an
in Gegenwart der heiligen Engel.
Ich zünde es an
ohne böse Gedanken,
ohne Neid, ohne Eifersucht,
ohne Furcht,
mit dem Wunsch,
Gottes Sonne möge mich schützen.

Gott, zünde du innen
in meinem Herzen die Flamme an:
Liebe zu meinem Nachbarn,
zu Freunden und Feinden,
zu meinen Verwandten,
zu den Guten
und zu den Schurken.

Der Sohn der Maria,
der Schönen, gab sie mir:
Liebe zum geringsten Geschöpf
und zum höchsten aller Namen.

Gebet in der Küche

Ich liebe meine kleine Küche,
Gott,
und jeden Winkel,
jeden Topf.
Darum segne mich
und all mein Tun,
wenn ich Schüsseln wasche,
wenn ich koche.

Die Mahlzeit hier
auf meinem Herd,
würze du von oben her
mit Segen und Freundlichkeit
und mit Liebe von dir.

Wir denken an die Nahrung,
die die Erde gibt,
und an den Tisch,
den du deckst,
und danken dir
für unser tägliches Brot.

Hier ist meine kleine Küche,
o Gott.
Alle, die eintreten,
mögen ein großes Herz finden,
den Frieden
und das Glück.

Segen für einen Hirten

Segne das Haus, Gott,
und was es erfüllt.
Segne mein Haus
und die es bewohnen.
Segne mir Frau und Kind.

Segne meine Augen
und meine Hände.
Segne mich,
wenn ich am Morgen aufstehe,
wenn ich mich am Abend niederlege.

Schütze meine Herde,
die Tiere, die ich hüte,
wenn die Schafe über die Hügel
durch die Wildnis ziehen.
Sei du für sie ein guter Hirte,
damit ich ruhen kann
im Frieden.

Tiersegen

Laufe fort, mein Schaf!
Ich habe dich geschoren.
Komm wieder,
gehüllt in Wolle,
und gebäre ein Lamm.

Michael, der Held der Engel,
bewahre dich vor dem bösen Hund,
vor dem listigen Fuchs,
vor dem gierigen Wolf
und vor dem Bären,
vor den Krallen des Adlers
und des Habichts.

Er schütze dich auf der Weide,
wenn du bei Nacht ruhst,
auf der Heide, in den Bergen.

Lauf nur, mein Schaf!
Und Gott behüte dich.

Keine Pflanze ist auf
dem Erdgrund,
die nicht voll ist von deiner Güte.
Kein Gebilde ist am Strand,
das nicht erfüllt ist von deinem Segen.

Kein Leben ist im Meer,
kein Geschöpf ist im Fluß,
kein Vogel ist im Flug,
kein Stern ist am Himmel,
nichts ist unter der Sonne,
das nicht deine Güte verkündet.

Jesus! Jesus! Jesus!
Es gilt wahrhaft, dich zu preisen.

Eine Frau segnet ihren Webstuhl

Segne,
o Herr der guten Mächte,
meinen Webstuhl
und jedes Ding in meiner Nähe.
Segne mich
in all meinem Tun
und schütze mich,
solange ich lebe.

Segne die Tritte,
die Lade und das Schiffchen,
den Kamm und die Kette,
den Zeugbaum und den
Kettenbaum.
die Säume und die Kettenfäden.

Segne das Gewebe,
schwarz, weiß und rotbraun,
graubraun und rot.
Segne das Schiffchen,
das unter dem Faden durchschießt.

So wird mein Webstuhl
unversehrt sein,
bis ich am Montag wieder beginne.
Maria, die Schöne,
wird mir ihre Liebe geben,
und es wird kein Hindernis sein,
das ich nicht überwinde.

Zuspruch

Deine Hände
mögen immer ihr Werk finden
und immer eine Münze in der Tasche,
wenn du sie brauchst.

Das Licht der Sonne
scheine auf deinen Fenstersims.
Dein Herz sei voll Zuversicht,
daß nach jedem Gewitter
ein Regenbogen am Himmel steht.

Der Tag sei dir freundlich,
die Nacht dir wohlgesonnen.
Die starke Hand eines Freundes
möge dich halten,
und Gott möge dein Herz erfüllen
mit Freude und glücklichem Sinn.

Sonntagssegen

Ruhen sollen Egge und Pflug,
Ruder und Angel.
Niemand gehe ins Bergland,
den Tieren nachzustellen,
niemand spitze den Pfeil
wider seinen Nachbarn.

Man dresche kein Korn
und miste den Stall nicht.
Die Mühlen sollen stillstehen
und die Räder der Karren.
Niemand entweihe den siebten Tag.
Niemand spinne Seide und Faden,
niemand nähe und sticke.

Wer den Tag des Herrn achtet,
möge Lohn empfangen.
Ruhe möge er finden,
Freude und Zuversicht,
vom Untergang der Sonne
bis zu ihrem Aufgang.

Friedenswunsch

Frieden wünsche ich mir
zwischen den Nachbarn,
zwischen Verwandten,
zwischen den Liebenden,
wie der Geber des Lebens
ihn liebt.

Frieden zwischen den Menschen,
Frieden zwischen Frau und Mann,
zwischen Müttern und Kindern,
wie der Friede des Christus,
der größer ist als unser Friede.

Ich wünsche dir Frieden,
daß die Dünung des Meeres
dir günstig sei.
Ich wünsche dir den Frieden
einer sanften Brise.
Ich wünsche dir den Frieden
der stillen Erde.
Den Frieden der klaren Nacht
voller Sterne.

Ich wünsche dir den Frieden,
den Jesus Christus gibt.
Denn er ist unser Friede
für alle Zeit.

Segen zur Ausfahrt

Der du wohnst im Himmel,
der du die Tiefen der Meere kennst,
führe uns durch wilde Wogen
zum sicheren Hafen.

Segne die Schiffsleute und das Schiff.
Segne Anker und Ruder,
Segel und Mast,
daß sie stark sind vor dem Wind
und wir im Frieden heimkehren.

Treibe die große Schlange
zurück ins Meer,
daß das Wasser sie verschlinge.
Zähme den Nordwind
und seine Wut,
damit wir heil unser Ziel erreichen.

Ich halte das Steuer in Händen
und rufe dich an, du Gottessohn:
Sei mein Lotse,
steh mir bei in Sturm und Flaute,
lege deine Hand an das Ruder,
lege Hand an die Segeltaue.

Der du der Herr bist
aller Elemente:
Hilf!

Gebet auf See

Ehre sei dir,
du Gott des Lebens,
für den Mond,
das Licht des Meeres,
das mich führt.

Deine Hand lenke mein Steuer,
deine Liebe bewege die Wellen.
Ich liebe es, das Licht des Mondes.
Du Gott des Lebens
zündest es für mich an.

Gib mir ein sorgsames Herz
für jedes Geschöpf,
das du schufst.

Mein Gebet heilige alles,
was dir, Gott, heilig ist.
Mein Leben an Land heilige alles,
was dir heilig ist.
Mein Wille auf See lenke alles,
was du lenkst.

Meine Hoffnung auf der Höhe
des Lebens wünsche sich,
was du wünschst.
Meinem Willen in den Tiefen
des Leides genüge,
was dir genügt.

Lied eines Mönchs

Mich umschließt der Wald
wie eine Mauer.
Süß füllt die Amsel mein Herz.
Über dem Buch,
das ich schreibe,
hebt sich der Chor der Vögel.

Hoch über ihnen allen,
singt der Kuckuck,
der grauköpfige, mir zu:
Gott, verspricht dir,
dich zu schützen,
den sorgsamen Schreiber
im Wald.

Reisesegen

Möge dein Weg
dir freundlich entgegenkommen,
möge der Wind
dir den Rücken stärken.
Möge die Sonne
dein Gesicht erhellen
und der Regen um dich her
die Felder tränken.
Und bis wir beide, du und ich,
uns wiedersehen,
möge Gott dich schützend
in seiner Hand halten.

Gott möge bei dir
auf deinem Kissen ruhen.
Deine Wege
mögen dich aufwärts führen,
freundliches Wetter
begleite deinen Schritt.
Und mögest du
längst im Himmel sein,
wenn der Teufel bemerkt,
daß du nicht mehr da bist.

Gott ist vor mir,
Gott ist hinter mir, über mir,
unter mir.
Ich gehe auf Gottes Weg,
und Gott geht in meiner Spur.

Wer ist nahe auf dem Land?
Wer ist nahe auf der Welle?
Wer ist nahe auf der Türschwelle?
Unser Gott und Helfer.

Hier stehe ich in der Fremde.
Hier flehe ich in Nöten,
in Schmerzen und Gefahr.
Hier stehe ich allein.
Gott, steh mir bei.

Segen für den Lebensweg

Segen sei mit dir,
der Segen des strahlenden Lichts,
Licht um dich her
und innen im Herzen.
Sonnenschein leuchte dir
und erwärme dein Herz,
bis es zu glühen beginnt
wie ein großes Torffeuer
zu dem der Fremde tritt,
sich daran zu wärmen,
und der Freund.

Aus deinen Augen
strahle gesegnetes Licht
wie zwei Kerzen
in den Fenstern eines Hauses,
die den Wanderer einladen,
Schutz zu suchen dort drinnen
vor der stürmischen Nacht.

Wen du auch triffst,
wenn du über die Straße gehst,
ein freundlicher Blick von dir
möge ihn treffen.

Und der gesegnete Regen,
der köstliche, sanfte Regen,
ströme auf dich herab.
Die kleinen Blumen
mögen zu blühen beginnen
und ihren Duft ausbreiten,
wo immer du gehst.

Möge der Segen des großen Regens
auf deinen Geist herniederströmen
und ihn hell und rein waschen
und dort einen See füllen,
in dem das Blau des Himmels
sich spiegelt
und manchmal ein Stern.

Der Segen der Erde,
der guten, reichen Erde,
sei für dich bereit.
Weich sei die Erde,
wenn du auf ihr ruhst,
müde, am Ende des Tages.
Und leicht ruhe die Erde auf dir,
am Ende deines Lebens,
daß du sie am Ende leicht
abschütteln kannst
und auf und davon gehen
auf deinem Wege zu Gott.

Abendsegen

Gott mit mir beim Niederlegen.
Gott mit mir beim Aufstehen.
Gott mit mir beim Strahl des Lichts,
gibt es doch keinen Lichtstrahl
ohne ihn.

Christus mit mir im Schlaf,
Christus mit mir im Erwachen,
Christus mit mir am hellen Tag,
jeden Tag und jede Nacht.

Gott mit mir, der mich schützt,
Christus mit mir, der mich leitet,
der Geist mit mir, der mich stärkt
immer und alle Zeit.

Bitte um Schutz

Der Engel Gottes,
für mich bestellt
vom Vater der Barmherzigkeit
als Hüter über die Herde
der Heiligen,
mach die Runde um mich
in dieser Nacht.

Treib von mir
alle Versuchung und Gefahr.
Umgib mich
auf dem Meer der Gottlosigkeit
und in den Engen, Untiefen
und Strudeln.
Bewahre mein kleines Boot,
bewahre es allezeit.

Sei eine helle Flamme vor mir,
sei ein leitender Stern über mir,
sei ein ebener Pfad unter mir
und ein freundlicher Hirte hinter mir
an diesem Tag,
heute Nacht und immerdar.

Ich bin müde und ohne Heimat,
geleite mich zum Land der Engel.
Es ist Zeit für mich, heimzukehren
zum Haus des Christus,
zum Frieden des Himmels.

Wenn ich gestorben bin,
singt keine traurigen Lieder.
Pflanzt keinen Baum
über mein Grab.
Ich will ruhen unter dem Rasen,
den der Regen näßt
und der Tau berührt.
Laßt mich liegen.

Wenn ihr wollt, erinnert euch.
Und wenn ihr wollt, vergeßt.

Hinweise zu den Texten und Bildern

Für die hier vorgelegten *Übertragungen* von Liedern und Segensworten aus dem alten Irland wurden folgende Veröffentlichungen beigezogen und verglichen:

H. C. Artmann, *Der Schlüssel des Heiligen Patrick.* Religiöse Dichtungen der Kelten. Salzburg (o. J.).
Alexander Carmichael, *Das Kreuz in der Sonne.* Altkeltische Sprüche und Gebete. München 1978 (Kaiser Traktate).
Wolfgang Poeplau, *Stille hinter dem Wind.* Keltische Segenssprüche. Wuppertal 1989. – ders., *Wir träumen die Lieder.* Irische Segenssprüche. Wuppertal 1987.
Julius Pokorny, *Die älteste Lyrik der grünen Insel.* – Aus dem Irisch-Keltischen übertragen. Halle/Saale 1923.
Paul-Werner Scheele, *Du bist unser alles.* Altirische Gebete. Würzburg 1989.
Manfred Wester, *Einübung ins Glück – in Irland entdeckt.* Offenbach/M. 1986.

Die keltische Kirche in Irland und die Missionstätigkeit des Mönchs und Bischofs Patrick (5. Jh.) stellt Robert E. McNally ausführlich dar, in: H. Frohnes/W.-H. Gensichen/G. Kretschmar, *Kirchengeschichte als Missionsgeschichte,* Bd. II/1: Die Kirche des früheren Mittelalters. München 1978, S. 91–115.

Die Bilder hat Jörg Zink, Stuttgart, in Irland fotografiert.
Die *Abbildung S. 9* zeigt einen Grabstein in Clonmacnoise (7. Jh.). Dargestellt ist darauf eine Verbindung von Scheibenkreuz und Ankerkreuz. Es hat bereits die charakteristische Form der späteren irischen Hochkreuze (siehe S. 24), bei denen die vier Arme in der Nähe des Kreuzungspunktes schmaler gezogen sind und um diesen Bereich ein Ring gelegt ist, der als Sonnenzeichen oder als kosmisches Symbol zu deuten ist. Das Zeichen bedeutet hier: Meine Hoffnung ist der, der Himmel und Erde und alle Welt gemacht hat. Er ist meine Sonne.
Die *Abbildung S. 24* zeigt ein mit Figuren und Ornamenten gestaltetes Hochkreuz (11. Jh.) auf dem Mönchsfriedhof von Drumcliff in Westirland. Dargestellt sind von unten nach oben: Adam und Eva mit dem Baum und der Schlange; David mit dem Löwen; David und Goliath; Christus als der Gekreuzigte und darüber – in der Osirishaltung – als der Auferstandene.

Bibliographische Information der Deutschen Bibliothek

Die Deutsche Bibliothek verzeichnet diese Publikation in der Deutschen Nationalbibliographie; detaillierte bibliographische Daten sind im Internet über http://dnb.ddb.de abrufbar.

ISBN 3-88671-259-1
2. Auflage 2003

Im Alten Rathaus/Hauptstr. 37
D-79427 Eschbach/Markgräflerland

Gestaltung: Ulli Wunsch, Wehr.
Herstellung: Süddeutsche Verlagsgesellschaft Ulm.

Dieses Geschenkbuch ist – inhaltlich identisch – auch als Eschbacher Geschenkheft erschienen (ISBN 3-88671-118-8).